Wie immer ... wir schenken uns nichts
Heitere Weihnachtsgeschichten

Wie immer ...
wir schenken uns nichts

Heitere Weihnachtsgeschichten

benno

Bibliografische Information der Deutschen Nationalbibliothek
Die Deutsche Nationalbibliothek verzeichnet diese Publikation
in der Deutschen Nationalbibliografie; detaillierte
bibliografische Daten sind im Internet unter
http://dnb.d-nb.de abrufbar.

Bildnachweis
S. 7, 14, 19, 24: © stock.adobe.com/svetazi; S. 20, 33, 34, 56, 66, 81:
© stock.adobe.com/Nataliia Pyzhova; S. 86: © stock.adobe.com/Tatiana

Besuchen Sie uns im Internet:
www.st-benno.de

Gern informieren wir Sie unverbindlich und aktuell auch in unserem
Newsletter zum Verlagsprogramm, zu Neuerscheinungen und Aktionen.
Einfach anmelden unter www.vivat.de.

ISBN 978-3-7462-6634-3

© St. Benno Verlag GmbH, Leipzig
Zusammenstellung: Volker Bauch, Gößnitz
Umschlaggestaltung: Karen Münch-Thornton, München
Covermotiv: © stock.adobe.com/visuelavue
Gesamtherstellung: Arnold & Domnick, Leipzig (A)

Inhalt

**I. Schnupfen, Sport & Heiterkeit –
   Winterliche Annehmlichkeiten** — 7
   Wintersport, *Erich Kästner* — 8
   Eishockey, *Joachim Ringelnatz* — 10
   Es gibt keinen Neuschnee, *Kurt Tucholsky* — 12
   Der erkältetste Mensch der Welt, *Axel Hacke* — 15
   Der Schnupfen, *Christian Morgenstern* — 19

**II. Das Treffen der alten Männer – Wenn
    Schneemann & Weihnachtsmann feiern** — 20
    Der Schneemann, *Karl Valentin* — 21
    Der Schneemann auf der Straße,
       Robert Reinick — 25
    Der Weihnachtsmann in der
       Lumpenkiste, *Erwin Strittmatter* — 26

**III. Wenn man den Wald nicht mehr sieht –
     Christbaumfreude überall** — 34
     Das Weihnachtsbäumlein,
        Christian Morgenstern — 35
     Der krumme Tannenbaum, *Nina Stögmüller* — 36

Alle Tannenbäume der Welt und jede Menge Schicksal, *Hanns Dieter Hüsch*	42
Tannenbaum, *Oskar Häring*	52
Tannenbaum und Stechpalme, *Theodor Fontane*	53
Der Christbaum in der Waldheimat, *Peter Rosegger*	57
Schicksal eines Christbaums, *Eugen Adam*	64

IV. Von Hebammen, Enkeln und Beamten – Der andere Christkindempfang   **66**

Die Kunst, Weihnachten richtig zu feiern, *Ernst Penzoldt*	67
Vom Esel, der gut lachen hatte, *Thomas Begrich*	71
Einsiedlers Heiliger Abend, *Joachim Ringelnatz*	77
Das Christkind beim Finanzamt, *Unbekannt*	79
Die Hebamme des Herrn, *Eva Zeller*	82
Als Weihnachten ausfiel, *Margret Rettich*	87

I.
Schnupfen, Sport & Heiterkeit – Winterliche Annehmlichkeiten

Wintersport

Wohin man sieht, sieht man Hotels.
Und ringsherum liegt Schnee.
Die Tannen tragen weißen Pelz,
die Damen Seal und Feh.

Die Leute fahren Bob und Ski
am Hange hinterm Haus.
Ja, und von Weitem sehen sie
wie Sommersprossen aus.

Das Publikum ist möglichst laut.
Was tut das der Natur?
Sie wurde nicht für es gebaut.
Und schweigt. Und lächelt nur.

Im Kreise ihres Damenflors
sind alle Mann im Schnee:
Direktors, Doktors und Majors.
Und Blubbers-Übersee.
Of course!

Wohin man sieht, sieht man Hotels.
Für Schnee ist kaum noch Platz.
Die Luft ist dick von Oui's und Well's
und Five o'clocks mit Jazz.

Die Berge und der Wasserfall
verlieren jeden Sinn.
Am Donnerstag ist Lumpenball.
Da passen manche hin!

Sie können nie bescheiden sein
und finden alles nett.
Und glauben, die Natur sei ein
Komfort wie das Klosett.

Lawinen sausen dann und wann
und werden sehr gerügt.
Was gehn den Schnee die Leute an?
Er fällt. Und das genügt.

Erich Kästner

Eishockey

Wenn die Hockeyhölzer hackeln,
wenn die Schlittschuhschnörkel schnackeln
und die Gummischeibe schnellt
mir ans Kinn anstatt zum Ziele,
dann empfinde ich die Spiele
einer sportlich reifen Welt.
Mehrmals, wie in früheren Wintern,
setzen zwei sich auf den Hintern,
was an sich mir sehr gefällt.

Doch ich habe einen Schnupfen
und kein Taschentuch zum Tupfen.
Auch zerbrach mir mein Monokel.
Und der Kampf bleibt unentschieden.
Also geh ich unzufrieden
heim. Und hab von dem Gehockel
nur den fraglichen Gewinn:
eine Beule links am Kinn.

Hinter mir klingt etwas froh
etwa so:
„Dem Verband Zentralafrikanischer Eishockey-
spieler drei Hurras!"
Hurra! Hurra! Hurra!

Joachim Ringelnatz

Es gibt keinen Neuschnee

Wenn du aufwärts gehst und dich hochaufatmend umsiehst, was du doch für ein Kerl bist, der solche Höhen erklimmen kann, du, ganz allein –: Dann entdeckst du immer Spuren im Schnee. Es ist schon einer vor dir dagewesen.
Glaube an Gott. Verzweifle an ihm. Verwirf alle Philosophie. Lass dir vom Arzt einen Magenkrebs ansagen und wisse: Es sind nur noch vier Jahre, und dann ist es aus. Glaub an eine Frau. Verzweifle an ihr. Führe ein Leben mit zwei Frauen. Stürze dich in die Welt. Zieh dich von ihr zurück ...
Und alle diese Lebensgefühle hat schon einer vor dir gehabt; so hat schon einer geglaubt, gezweifelt, gelacht, geweint und sich nachdenklich in der Nase gebohrt, genauso. Es ist immer schon einer dagewesen.
Das ändert nichts, ich weiß. Du erlebst es ja zum ersten Mal. Für dich ist es Neuschnee, der da liegt. Es ist aber keiner, und diese Entdeckung

ist zuerst sehr schmerzlich. In Polen lebte einmal ein armer Jude, der hatte kein Geld, zu studieren, aber die Mathematik brannte ihm im Gehirn. Er las, was er bekommen konnte, die paar spärlichen Bücher, und er studierte und dachte, dachte für sich weiter. Und erfand eines Tages etwas, er entdeckte es, ein ganz neues System, und er fühlte: ich habe etwas gefunden. Und als er seine kleine Stadt verließ und in die Welt hinauskam, da sah er neue Bücher, und das, was er für sich entdeckt hatte, das gab es bereits: es war die Differentialrechnung. Und da starb er. Die Leute sagen: an der Schwindsucht. Aber er ist nicht an der Schwindsucht gestorben.

Am merkwürdigsten ist das in der Einsamkeit. Dass die Leute im Getümmel ihre Standard-Erlebnisse haben, das willst du ja gern glauben. Aber wenn man so allein ist wie du, wenn man so meditiert, so den Tod einkalkuliert, sich so zurückzieht und so versucht, nach vorn zu sehen –: Dann, sollte man meinen, wäre man auf Höhen, die noch keines Menschen Fuß je betreten hat. Und immer sind da Spuren, und immer ist einer dagewesen, und immer ist einer noch

höher geklettert als du es je gekonnt hast, noch viel höher.
Das darf dich nicht entmutigen. Klettere, steige, steige. Aber es gibt keine Spitze. Und es gibt keinen Neuschnee.

Kurt Tucholsky

Der erkältetste Mensch der Welt

Hören Sie, ich bin schon wieder erkältet. If fpreffe dufch die Nafe ... Chchchch ... Pröööööt! ... Schneuz, pfft, pfft! Hören Sie's?
Schrecklich, was? Sie könnten mich ein bisschen bedauern! Wozu bin ich erkältet, wenn mich keiner bedauert? Niemand hat, wenn er erkältet ist, entzündetere Nasenwände als ich, niemand fühlt sich angegriffener, niemandes Gesichtshaut wird blasser, und keine Schleimhaut der Welt rötet sich intensiver. Ich bin, wenn ich erkältet bin, der erkältetste Mensch der Welt. Das habe ich vom Vater geerbt. Mein Vater war sehr groß, und wenn er sich erkältet hatte, schlappte durchs Haus ein fiebernder Riese, der aus großen Tassen Kamillentee schlürfte und über metertiefen Schüsseln Inhalationsbäder nahm, um seine Bronchien zu durchfeuchten. Er trug einen grünen Wollschal, dessen Stoffmenge für mehrere Kinderwintermäntel ausgereicht hätte.

Manchmal musste mein Vater niesen. Er nieste so heftig, dass die Türen der Küchenschränke aufsprangen und Geschirr auf den Boden fiel. Wir Kinder mussten die Scherben aufsammeln, unter weiteren Niesern geduckt, immer in Angst, hinweggefegt zu werden wie Laub im Herbststurm.
Mein Vater hatte die Neigung zu unmäßigen Erkältungen vom Großvater geerbt. Mein Großvater war noch größer als mein Vater. Sobald er sich erkältet hatte, mussten einige Eimer mit heißem Bronchialtee bereitstehen. Meine Großmutter hatte alle halbe Stunde auf den Küchentisch zu steigen, um dem Großvater den Inhalt eines solchen Eimers in den Schlund zu gießen, wo die Flüssigkeit unter Zischen und Gurgeln verschwand. Ansonsten lag der Großvater im Wohnzimmer auf einer Chaiselongue, unter einer Wolldecke, welche ausgereicht hätte, schon damals den Reichstag zu verhüllen. Ab und an musste auch er niesen. Dann fiel Stuck von der Decke, und eine Mauer, die das Wohnzimmer von der Diele trennte, stürzte ein. Die Kinder, es waren ihrer sieben, mussten rasch die Steine

wieder übereinanderstellen, damit ihr Vater keinen Zug bekam.

Es ist klar, dass mein Großvater diesen Hang zu biblischen Erkältungen seinerseits vom Vater ererbt hatte, meinem Urgroßvater. Dieses Urgroßvaters Nase war groß wie eine Restmülltonne, und sein Schneuztuch hätte einem Ehepaar als Laken dienen können. Der erkältete Gigant ließ sich aus einem Fass mit Hilfe eines Schlauches und einer Pumpe Kräutertee applizieren, während er in einem ächzenden Holzbett lag. Wenn sich der Körper in einer Welle von Verkrampfungen auf das Niesen vorbereitete, wurde in der Stadt Explosionsalarm gegeben. Männer eilten herbei, um meinen Urgroßvater aus dem Haus zu tragen. Er nieste in Richtung des benachbarten freien Feldes, damit niemand zu Schaden kam. Aber einmal, während der Erntezeit, erwischte es einen Bauern, dessen Leib von der Schallwelle davongetragen wurde und sich um einen kilometerweit entfernten Eichenstamm wickelte, als wäre er ein feuchter Umschlag.

Erwähnenswert erscheint mir noch, dass einer meiner Vorfahren mit dem Untergang von Pompeji in Verbindung gebracht wird, ein anderer mit dem Verschwinden des sagenhaften Atlantis, jener also möglicherweise vom Antlitz des Erdballs geniesten, ins Weltall hinausgehusteten Stadt. Es war mir wichtig, die Dinge einmal in diesen Zusammenhängen darzustellen. Es gibt Personen, die mich für wehleidig halten, wenn ich erkältet bin, für einen hypochondrisch Leidenden und die Begleiterscheinungen seiner Infekte schamlos übertreibenden Jammerlappen. Ich habe diesen Leuten immer gesagt, dass es anders ist: Ich bin mit einer Art Erbkatarrh geschlagen, einer schweren Genverkühlung. Und ich habe Diffamierungen wie die erwähnten nicht verdient.

Axel Hacke

Der Schnupfen

Ein Schnupfen hockt auf der Terrasse,
auf dass er sich ein Opfer fasse

– und stürzt alsbald mit großem Grimm
auf einen Menschen namens Schrimm.

Paul Schrimm erwidert prompt: Pitschü!
und *hat* ihn drauf bis Montag früh.

Christian Morgenstern

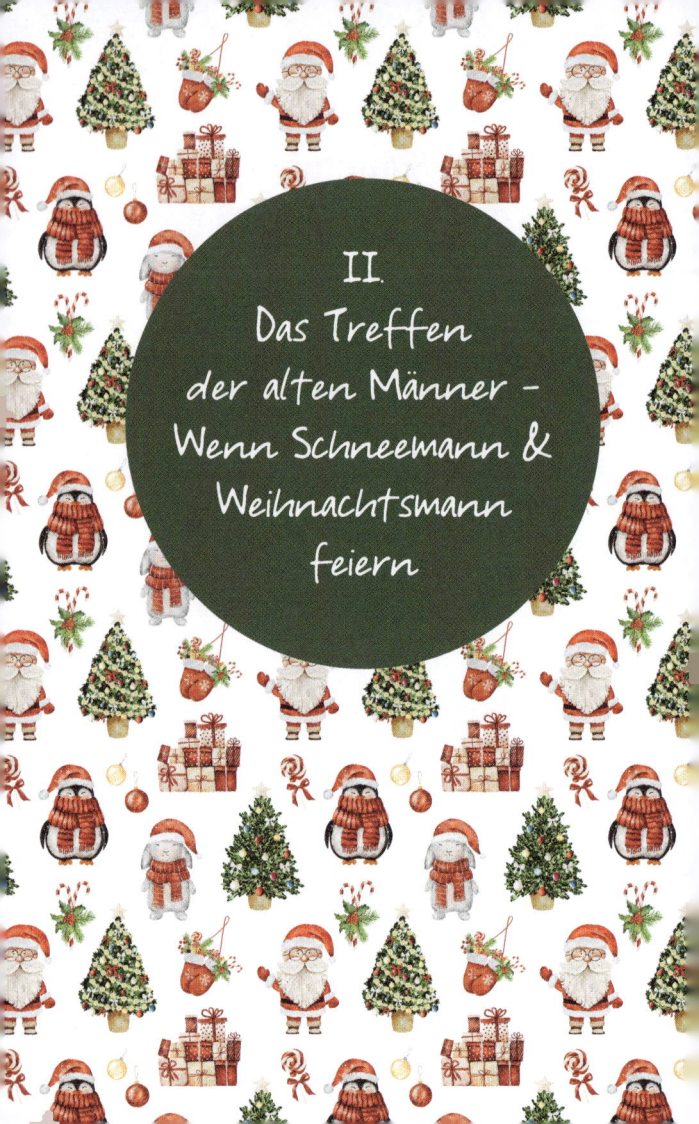

II.
Das Treffen der alten Männer – Wenn Schneemann & Weihnachtsmann feiern

Der Schneemann

Kasperl-Spiel

(Vor Kasperls Haus steht ein Schneemann – der Kasperl kommt vom Wirtshaus heim und möchte in seine Wohnung hinein – kann jedoch nicht – da der Schneemann davor steht.)

KASPERL: Kinder seid's alle da?
KINDER: Jaaa.
KASPERL: Habts aa Geld aa?
KINDER: Jaaa.
KASPERL: Dös ist recht! *(sieht plötzlich den Schneemann stehen)* Jaaa, was ist denn dös? Da steht ja vor meiner Haustür ein Schneemann! – Den ham mir g'wiss die bösen Buam hin'gstellt, damit i net in mei Haus nei kumm. Die Spitzbuam! Und grad heut, wo mir mei Frau Dampfnudeln g'macht hat. – Ja – was tua i denn da??? O mei omei, is' der blass! – – – Sie Herr Schneemann, gehns doch da weg, damit i in mei Haus nei kann! Hams g'hört!!!

SCHNEEMANN: Ja, mei liaba Kasperl, dös geht leider net, weil i net gehn ko, mi ham d'Buam da hergstellt und da muss i steh'n bleib'n.

KASPERL: Dann hol i an Schutzmann!

SCHNEEM.: Dös kannst scho toa, aber desweg'n kann i doch net gehn!

KASPERL: Aber i muass doch in mei Haus nei – bei mir gibt's heut Dampfnudeln – und mei Frau hat g'sagt, i muss ganz pünktlich sei, sonst verbrennas und wem se hart wie Stoana.

SCHNEEM.: Ja, ja – dös kann scho sei, i tat ja gern verschwinden, wenn i kennt! – Woasst was, Kasperl: Du muasst halt a Schaufl holn und mi wegschaufeln.

KASPERL: Dös geht a net, weil i heut mein Namenstag hab und an mein'm Namenstag tua i net arbeiten.

SCHNEEM.: Dann gibts nur oans – dann muasst halt warten bis d'Sonna scheint, denn wenn's mir warm werd, dann lauf i von selber davon.

KASPERL: Ja heut, bei dem trüab'n Wetter scheint ja ewig koa Sonna.

SCHNEEM.: Dann muasst halt warten, bis d'Sonna scheint.

KASPERL: Du dappiger Schneemann! Dös kann ja no acht Tage a schlechts Wetta sei, na müasst i acht Tag vor meiner Haustür stehn – daweil verbrennen ja meiner Frau die Dampfnudeln.

SCHNEEM.: Ja, ja – dös is Sache des lieben Gott! Die Sonne kann nur der liebe Gott scheinen lassen – sonst keiner!

KASPERL: Oha! Da täuschst dich aber ganz gewaltig! – D'Sonna ko i a scheinen lassen. – Wart a wengal – i geh bloss schnell zu mein'm Nachbar nüber und hol was rüber – i kimrn glei wieder!

SCHNEEM.: O mei, is der Kasperl dumm – er will d'Sonn scheina lass'n! Ah! Da kimmt er ja wieder – was hat er denn da für an Teller in der Hand?

KASPERL: So, Herr Schneemann! Jetzt werst du gleich davonlaufen. *(zu den Kindern:)* Dös is a elektrische Heizsonne – die schalt i jetzt beim Nachbarn ein und der weiße Uhu wird gleich verschwunden sein! *(geht mit der elektr. Sonne auf den Schneemann zu, beleuchtet denselben – der Schneemann wird immer kleiner und verschwindet ganz)*

SCHNEEM.: Oh mei, oh mei! Jetzt geht's dahin!
KASPERL: Gell Kinder, ich kann auch die Sonne scheinen lassen!!!

Karl Valentin

Der Schneemann
auf der Straße

Der Schneemann auf der Straße
trägt einen weißen Rock,
hat eine rote Nase
und einen dicken Stock.

Er rührt sich nicht vom Flecke,
auch wenn es stürmt und schneit.
Stumm steht er an der Ecke
zur kalten Winterszeit.

Doch tropft es von den Dächern
im ersten Sonnenschein,
da fängt er an zu laufen,
und niemand holt ihn ein.

Robert Reinick

Der Weihnachtsmann in der Lumpenkiste

In meiner Heimat gehen zum Andreastage, dem 30. November, die Ruprechte von Haus zu Haus. Die Ruprechte, das sind die Burschen des Dorfes in Verkleidungen, wie sie die Bodenkammern und die Truhen der Altenteiler, der Großeltern hergeben. Die rüden Burschen haben bei diesem Rundgang durch das Dorf keineswegs den Ehrgeiz, friedfertige Weihnachtsmänner zu sein. Sie dringen in die Häuser wie eine Räuberhorde. Sie schlagen mit Birkenruten um sich, werfen Äpfel und Nüsse, auch Backobst ins Zimmer. Sie brummen wie alte Bären und wackeln mit den vermummten Köpfen. „Können die Kinder beten?" brummen sie. Die Kinder beten. Sie beten vor Angst kunterbunt: „Müde bin ich, geh' zur Ruh' ... komm, Herr Jesus, sei unser Gast ... der Mai ist gekommen ..."

Wenn die Ruprechthorde die kleine Dorfschneiderstube meiner Mutter verlassen hatte, roch

es darin noch lange nach stockigen Kleidungsstücken, nach Mottenpulver und reifen Äpfeln. Meine kleine Schwester und ich aber saßen unter dem großen Schneidertisch. Die Tischplatte schien uns ein besserer Schutz als unsere Gebetchen, und wir wagten lange nicht hervorzukommen, noch weniger das Dörrobst und die Nüsse, die die Ruprechte in die Stube geworfen hatten, anzurühren. Das hat denn auch meiner Mutter nicht gefallen, denn sie bestellte im nächsten Jahr die Ruprechte ab. Oh, was hatten wir für eine mächtige Mutter! Sie konnte die Ruprechte abbestellen und dafür das Christkind einladen.
Zu uns kam also jahrsdrauf das Christkind, um uns mit den üblichen Weihnachtsbringern zu versöhnen. Das Christkind trug ein weißes Tüllkleid und ging in Ermangelung von heiligweißen Strümpfen – es war im Ersten Weltkrieg – barfuß in geborgten Brautschuhen. Sein Gesicht war von einem großen Strohhut überschattet, dessen Krempe mit Wachswattekirschen garniert war. Vom Rande des Strohhutes fiel dem Christkind ein weißer Tüllschleier ins Gesicht. Das holde Himmelskind sprach mit piepsiger

Stimme und streichelte uns sogar mit seinen Brauthandschuhhänden. Als wir unsere Gebete abgerasselt hatten, wurden wir mit gelben Äpfeln beschenkt, die den Goldparmäneäpfeln, die wir als Wintervorrat auf dem Boden in einer Strohschütte liegen hatten, sehr glichen. Das sollen nun Himmelsäpfel sein? Wir bedankten uns trotzdem artig mit ‚Diener' und ‚Knicks', und das Christkind stakte auf seinen nackten Heiligenbeinen in den Brautstöckelschuhen davon.

„Habt ihr gesehen, wie's Christkind aussah?", fragte meine mit dem Christkind zufriedene Mutter.

„Ja", sagte ich, „wie Buliks Alma hinter einer Gardine sah's aus." Buliks Alma war die etwa vierzehnjährige Tochter aus dem Nachbarhause. An diesem Abend sprachen wir nicht mehr über das Christkind. Vielleicht kam die Mutter auch wirklich nicht ohne Weihnachtsmann aus, wenn sie sich tagsüber die nötige Ruhe in der Schneiderstube erhalten wollte. Jedenfalls sollte der Weihnachtsmann nach dem missglückten Christkind nunmehr eine Werkstatt über dem

Bodenzimmer unter dem Dach eingerichtet haben. Das war freilich eine dunkle, geheimnisvolle Ecke des Häuschens, in der wir noch nie gewesen waren. Die Treppe führte nicht unter das Dach, und eine Leiter war nicht vorhanden. Die Mutter wusste so geheimnisvoll zu erzählen, wie sehr der Weihnachtsmann dort oben nachts, wenn wir schliefen, arbeitete, dass uns das Umhertollen und Plappern verging, weil der Weihnachtsmann sich bei Tage doch ausruhen und schlafen musste.

Eines Abends vor dem Schlafengehen hörten wir dann auch wirklich den Weihnachtsmann in seiner Werkstatt werken, und die Mutter war sicher an jenem Abend dankbar gegen den Wind, der ihr beim Märchenmachen behilflich war.

Soll der Weihnachtsmann Nacht für Nacht arbeiten, ohne zu essen? Diese Frage stellte ich hartnäckig.

„Wenn ihr artig seid, isst er vielleicht wahrhaftig einen Teller Mittagessen von euch", entschied die Mutter.

Also erhielt der Weihnachtsmann am nächsten Tage von meiner Schwester und mir einen Teller

Mittagessen. Den Teller stellten wir nach Ratschlägen unserer Mutter an der Tür des Bodenstübchens ab. Ich gab meinen Patenlöffel dazu. Sollte der Weihnachtsmann vielleicht mit den Fingern essen?

Bald hörten wir unten in der Schneiderstube, wie der Löffel im Teller klirrte. Oh, was hätten wir dafür gegeben, den Weihnachtsmann essen sehen zu dürfen; allein die gute Mutter warnte uns, den alten, wunderlichen Mann ja nicht zu vergrämen, und wir gehorchten.

Versteht sich, dass der Weihnachtsmann nun täglich von uns verköstigt wurde. Wir wunderten uns, dass Teller und Löffel, wenn wir sie am späten Nachmittag vom Boden holten, blink und blank waren, als wären sie durch den Abwasch gegangen. Der Weihnachtsmann war demnach ein reinlicher Gesell, und wir bemühten uns, ihm nachzueifern. Wir schabten und kratzten nach den Mahlzeiten unsere Teller aus, und dennoch waren sie nicht so sauber wie der leere Teller des heiligen Mannes auf dem Dachboden. Nach dem Mittagessen hatte ich als Ältester, um meine Mutter in der nähfädelreichen Vorweihnachtszeit zu entlasten, das wenige Geschirr zu spülen, und meine Schwester trocknete es ab. Da der Weihnachtsmann nun sein Essgeschirr im blitzblanken Zustand zurücklieferte, versuchte ich ihm auch das Abwaschen unseres Mittagsgeschirrs zu übertragen. Es glückte. Ich ließ den Weihnachtsmann für mich arbeiten, und meine Schwester war auch nicht böse, wenn sie die leicht zerbrechlichen Teller nicht abzutrocknen brauchte. War es Forscherdrang, der mich zwackte, war es, um mich bei dem Alten auf dem Dachboden beliebt zu machen: Ich begann ihm außerdem auf eigene Faust meine Aufwartung zu machen. Bald wusste ich, was ein Weihnachtsmann gerne aß. Von einem Stück Frühstücksbrot, das ich ihm hingetragen hatte, aß er zum Beispiel nur die Margarine herunter. Der Großvater schenkte mir ein Zuckerstück, eine rare Sache in jener Zeit. Ich schenkte das Naschwerk dem Weihnachtsmann. Er verschmähte es. Oder mochte er es nur nicht, weil ich es schon angeknabbert hatte? Auch einen Apfel ließ er liegen, aber eine Maus aß er. Dabei hatte ich ihm die tote Maus nur in der Hoffnung hingelegt, er würde sie wieder lebendig machen; hatte er nicht im Vorjahr einen neuen Schwanz an mein Holzpferd wachsen lassen?

Soso, der Weihnachtsmann aß also Mäuse. Vielleicht würde er sich auch über Heringsköpfe freuen, die meine Mutter weggeworfen hatte. Ich legte drei Heringsköpfe vor die Tür der Bodenstube, und da mein Großvater zu Besuch war, hatte ich sogar den Mut, mich hinter der Lumpenkiste zu verstecken, um den Weihnachtsmann bei seiner Heringskopfmahlzeit zu belauschen. Ganz wohl war mir nicht dabei. Mein Herz pochte in den Ohren. Lange zu warten brauchte ich indes nicht, denn aus der Lumpenkiste sprang – „Murr! Miau!" – unsere schwarzbunte Katze, die dort den Tag im warmen Lumpengewölle verschlief. Eine Erschütterung ging durch mein kleines Herz. Ich schwieg jedoch über meine Entdeckung und ließ meine Schwester fortan den Teller Mittagbrot allein auf den Boden zu schaffen.

Bis zum Frühling bewahrte ich mein Geheimnis, aber als in der Lumpenkiste im Mai, da vor der Haustür der Birnbaum blühte, vier Kätzchen umherkrabbelten, teilte ich meiner Mutter dieses häusliche Ereignis mit: „Mutter, Mutter, der Weihnachtsmann hat Junge!"

Erwin Strittmatter

III.
Wenn man den Wald nicht mehr sieht – Christbaumfreude überall

Das Weihnachtsbäumlein

Es war einmal ein Tännelein
mit braunen Kuchenherzlein
und Glitzergold und Äpflein fein
und vielen bunten Kerzlein:
Das war am Weihnachtsfest so grün,
als fing es eben an zu blühn.

Doch nach nicht gar zu langer Zeit,
da stand's im Garten unten,
und seine ganze Herrlichkeit
war, ach, dahingeschwunden.
Die grünen Nadeln war'n verdorrt,
die Herzlein und die Kerzlein fort.

Bis eines Tags der Gärtner kam,
den fror zu Haus im Dunkeln,
und es in seinen Ofen nahm –
hei! Tat's da sprühn und funkeln!
Und flammte heim- und himmelwärts
in hundert Flämmlein an Gottes Herz.

Christian Morgenstern

Der krumme Tannenbaum

Es war einmal ... auf einem Christbaummarkt in der Stadt. Da standen viele kleine Nadelbäume und warteten darauf, als Weihnachtsbaum von einem Menschen mit nach Hause genommen zu werden. Die stolzen Nordmanntannen konnten es kaum erwarten, in einem Wohnzimmer aufgestellt zu werden und dort in voller Pracht zu erstrahlen. Die Fichten waren etwas bescheidener, doch träumten auch sie ihre traditionellen Christbaumträume, voll von Lametta und Engelshaar. Siegessicher, bis zum Heiligen Abend noch einen stolzen Besitzer zu finden, standen die überzüchteten Bäumchen da und spreizten die Nadeln, um so buschig und dicht wie möglich zu wirken.
Nur ein Baum war nicht so ganz davon überzeugt, dass ihn je jemand mit nach Hause nehmen würde. Er war krumm gewachsen und sah ein bisschen anders aus als der Rest seiner Baumkollegen. Grundsätzlich ein gesunder Baum, aber eben kein kitschig schöner Weihnachtsbaum.

Schon beim Abschneiden auf der Christbaumplantage hatte er die Forstarbeiter reden hören: „So ein komischer Baum, wer soll denn den kaufen?" Oder: „Wer will denn schon eine krumme Tanne zu Weihnachten im Wohnzimmer stehen haben!?" Die Männer bogen sich vor Lachen und ahnten nicht, dass der Christbaum jedes Wort, das sie sprachen, verstand. Er wurde dennoch mit den anderen Bäumen auf einen Lastwagen verladen und zum Christbaumhändler gebracht. Dieser empfing ihn mit den Worten: „Was soll denn das sein? Der ist ja mehr krumm als lang! Aber ich kann ihm ja immer noch die Äste absägen und sie als Tannenreisig verkaufen."

Das klang jetzt wirklich bedrohlich, doch zum Glück vergaß der Christbaumverkäufer sein grausiges Vorhaben schnell wieder und kümmerte sich erst einmal um die Aufstellung der „schönen" Christbäume.

Unser Baum war geknickt und ließ die Zweige noch mehr hängen. Er sah sich schon zu Weihnachten alleine auf dem Christbaummarkt herumstehen oder herumliegen, brutal zerteilt als Tannenreisig. Und das ist das Schlimmste, was einem Weihnachtsbaum passieren kann: zu Weihnachten nicht als echter, geschmückter Christbaum zum Einsatz zu kommen.

Diese besonderen Bäume bereiten sich ein Leben lang darauf vor, von den Menschen zu Weihnachten gekauft und mit in ihre Behausung genommen zu werden, wo sie schließlich prächtig geschmückt werden. Der Höhepunkt eines jeden Christbaumlebens ist natürlich der Heilige Abend, wenn alle Familienmitglieder rund um den Baum stehen, die Kerzen oder elektrischen Lichter angemacht werden und die lieben Menschen Weihnachtslieder singen. Da leben die Christbäume so richtig auf.

Jeden Tag wurde die Zahl der Bäume am Christbaummarkt kleiner. Bald waren nur noch wenige übrig. Der krumme Christbaum hatte schon alle Hoffnung auf einen Weihnachtseinsatz aufgegeben, als schließlich ein kleines Weihnachtswunder geschah. Es war am 24. Dezember, kurz vor Christbaummarktschluss, da eilte eine ältere Dame herbei und wuselte etwas schusselig zwischen den wenigen noch übrigen Tannen- und Fichtenbäumchen hin und her. Der Christbaumverkäufer wurde ungeduldig. Sie sollte sich beeilen. Doch die Dame ließ sich nicht beirren, sie prüfte die Äste der Bäume und packte schließlich auch noch ein Maßband aus, um die Länge und den Umfang der Nadelhölzer zu erfahren. Endlich entschied sie sich für unsere krumme Nordmanntanne.

Der Verkäufer schüttelte den Kopf: „Da sind doch noch viel schönere Bäume am Platz, warum nehmen Sie gerade diesen krummen Wicht?" Die alte Dame sah den Verkäufer an: „Das macht mir nichts aus, ich selbst bin auch nicht mehr ganz gerade und werde schon etwas bucklig, der Baum passt gut zu mir."

Unser Baum konnte sein Glück kaum fassen. Jetzt wurde er noch mit einem Plastiknetz verpackt und der Frau mit den Worten „Na, dann frohe, krumme Weihnachten!" überreicht. Die alte Dame bekam den Baum um den halben Preis, was sie sehr freute, denn sie war nicht besonders wohlhabend. Und das war auch der Grund, warum sie bis zum letzten Tag gewartet hatte, um sich einen Christbaum zu besorgen, denn sie dachte, dass am 24. Dezember die

Bäume sicher günstiger wären. Den krummen Baum hatte sie bewusst ausgesucht, weil sie vorgehabt hatte, mit dem Christbaumverkäufer zu feilschen, doch das brauchte sie nun gar nicht, der Mann gab ihr „den krummen Wicht" freiwillig um die Hälfte.

Alle waren glücklich – der Christbaumverkäufer hatte noch ein Geschäft gemacht, die alte Dame hatte einen günstigen Christbaum erstanden, und unser Baum war selig, dass er es doch noch geschafft hatte, den Christbaummarkt in einem Stück und nicht zu Tannenreisig zerhackt zu verlassen.

Die alte Dame wohnte nicht weit weg und schleppte ihren krummen Baum wie eine fette Beute hinter sich her. Ihre Wohnung war so klein, dass es fast unmöglich war, hier einen Christbaum aufzustellen; das war auch der Grund, warum sie so genau gemessen hatte am Christbaummarkt. Doch wenn man will, dann geht sich alles aus. Sie stellte den Baum mitten in ihrer Wohnküche auf und war zufrieden. Zu Weihnachten einen Christbaum zu haben, bedeutete ihr sehr viel. Sie holte den alten Christbaumschmuck aus ihrem Kellerabteil und fing an, den krummen Baum zu behängen.

Oh, wie das dem Baum gefiel! Was für ein Gefühl, im Mittelpunkt der Welt dieser alten Dame zu stehen und nun auch noch mit glitzernden Kugeln und Sternen geschmückt zu werden. Lametta und Engelshaar durften natürlich auch nicht fehlen. Was für ein schöner Baum!

Am Abend kam die Freundin der Frau zu Besuch, und gemeinsam feierten sie mit dem krummen Tannenbaum fröhliche Weihnachten. Die Kerzen am Baum wurden angezündet und Weihnachtslieder erfüllten den Raum. Dass der Baum etwas krumm war, störte überhaupt nicht, ganz im Gegenteil, die Freundin bezeichnete ihn sogar liebevoll als „Christbaum mit Charakter". Als die Kinder und Enkelkinder am nächsten Tag zu Besuch kamen, staunten sie nicht schlecht über den eigenwilligen Christbaum. „Der ist aber schon ein bisserl schräg, Oma!", meinte die zehnjährige Enkelin, als sie den Baum sah. „Ja, genau wie deine Oma!", lachte die alte Dame.

Nina Stögmüller

Alle Tannenbäume der Welt und jede Menge Schicksal

Um diese Zeit möchte ich immer mit meiner Mutter in einem wunderschönen großen Schlitten mit vier Pferden davor über das verschneite niederrheinische Land fahren, ganz fest und warm eingepackt in dicken, überlangen Mänteln mit einer Kapuze, und meine Mutter hat einen wunderbaren Muff mit Pelzbesatz und sieht wieder aus wie eine Zarentochter, und ich sitze ganz still neben ihr und gucke, ob am Himmel Sterne sind und ob man noch erkennen kann, dass am Himmel Plätzchen gebacken werden. Denn immer, wenn der Himmel sich zwischendrein leicht rosa färbt, werden dort Plätzchen gebacken, hat meine Mutter immer gesagt, die schon lange tot ist und mich sicher nicht wieder erkennen würde. Und darum möchte ich immer so gerne um diese Zeit mit meiner Mutter querfeldein in einem großartigen Schlitten den Niederrhein entlangfahren, auf den Heiligen Abend zu, auf die Verwandten zu, die Toten und die Lebenden, denn um diese Zeit mischt sich bei mir alles, ich habe Sehnsucht nach meiner Kindheit mit Marzipan und Apfelsinen, nach den Öfen meiner Jugend, sag' ich immer, nach den geheimnisvollen Geschichten, dann möchte ich stundenlang bis zum Nordpol über das flache Land fahren und sitze doch nur in der Küche und guck' zum Fenster raus.

Heiligabend am Niederrhein, das ist sicher wie überall, aber das geht schon ganz schön an die Nieren, weil noch mal der ganze Kram zusammenkommt. Die kleinsten Familien werden plötzlich riesengroß, und wer sich gestern noch wegen einer Kleinigkeit gekloppt hat, der ist am Heiligen Abend der versöhnlichste Mensch. Das ist sicher überall so, aber am Niederrhein sitzt das tiefer, weil das immer mit dem Ende der Welt zu tun hat. Ich meine das jetzt nur geographisch, denn am Niederrhein, da gibt es Stellen, wo man denkt, jetzt noch zehn Schritte, und du fällst „vonne Erd". Ja sicher, besonders um diese Zeit, wo Christus geboren wird.

Sagen Sie mal, freuen Sie sich auch? Sie müssen hier nicht antworten, das muss jeder selbst wissen. Aber ich freue mich. Auch nicht von Anfang an, da hab' ich zuerst gar nichts begriffen, aber heute würde ich auch mit meiner Mutter und Christus zu dritt in einem schönen Schlitten den Niederrhein rauf- und runterfahren, überall aussteigen, „Fürchtet euch nicht" sagen, wieder einsteigen und dann weiterfahren. Und ich würd' den kleinen Christus überall zeigen, und wenn er weinen tät', würd' ich ihn meiner Mutter geben. Die würde ihn dann schön schaukeln, und dann würde er einschlafen und nichts von der Welt hören und sehen, denn die ist ja nicht von seiner Welt.

Am Heiligen Abend glänzt der Niederrhein ganz besonders. Er ist noch flacher als sonst, und die Menschen sind noch stiller als sonst. Sogar Ditz Atrops, der sonst immer abends an der Theke von Hein Lindemann große Reden schwingt, ist dann ganz in sich gekehrt, trinkt schon mal ein Schnäpsken, hat sich auch fein gemacht, richtig mit Hemd und Schlips, und sagt auch schon mal, wenn er reinkommt: „Also dann, ne ..." Aber mehr nicht. Und dann setzt er sich schon mal neben den Baum, der bei Hein Lindemann

rechts von der Theke steht, und singt sehr laut, aber völlig falsch: „Es ist ein Ros' entsprungen". Ganz laut, als wär er allein auf der Welt. Und das ist ja wohl auch so, dass viele allein sind, auch am Niederrhein. Und das ist da noch viel schlimmer, denn die Niederrheiner sind ja so leicht schwermütig. Auch um diese Zeit. Das kommt von dem flachen Land, von der Aussichtslosigkeit, sag' ich immer, denn du siehst ja da alles und nichts. Und das macht schwermütig.
Besonders am Heiligen Abend. Ich meine, das geht wieder vorbei. Am ersten Feiertag hat sich das schon wieder gelegt, aber am Heiligen Abend steht viel auf dem Spiel, denn es gibt ja nichts zum Anfassen. Die Gegend ist heilig und nebelig. Wer das liebt, so wie ich, der ist natürlich fein raus. Besonders, wenn ich mit meiner Mutter und Christus in einem Schlitten sitz', und wir fahren und fahren und sagen überall mal rasch: „'n Abend zusammen! Frohe Weihnacht!" Und wir zeigen überall das Kind, obwohl ich nur in der Küche sitze, zum Fenster rausguck' und an früher denke. So gesehen, ist das am Niederrhein alles ganz anders.

Am Heiligen Abend denk' ich immer an früher. An Silvester denk' ich immer voraus, ob wir wohl beim nächsten Mal alle noch zusammen sind. Aber am Heiligen Abend denk' ich an früher, ganz komisch. Es geht dabei immer um Menschen, nicht um Geschenke, sondern wie die Menschen das machten, und was man selbst alles tat, wie man vor lauter Aufregung nicht schlafen konnte, wie alles immer näherkam und wie das Geheimnis der Liebe größer wurde als das Geheimnis des Todes und wie mein kleines Leben bereichert wurde durch die Arbeit der anderen.

Später erst, ja eigentlich erst heute, wenn ich mit meiner Mutter und Christus in einem wundersamen Schlitten meine Heimat, das ist meine Kindheit am Niederrhein, durchkreuze, steht dieser Niederrhein in mir nicht still. Die Toten werden lebendig, und alle Lebenden versammeln sich in meinem Kopf, in meinem Herzen am Heiligen Abend, wo immer ich bin, und alles, was ich bin, ist niederrheinisch. Das heißt: Ich weiß nichts, kann aber alles erklären, und meine Philosophie, das ist die genaue Unkenntnis von allen Dingen.

Ich sitze in der Küche und sehe durchs Fenster alle Christbäume der Welt. Ich muss mich nicht bewegen und fahre doch mit meiner Mutter und Christus in einem Schlitten über die Ebene, die kein Ende nimmt. Ab und zu sehen wir eine schwarzweiße Kuh, eine Windmühle, ein Wasserschloss und eine Kirchturmspitze, aber alles wird immer weniger, niedriger, unauffälliger. Nur der Stern wird größer und größer, heller und heller und schießt immer wieder durch meinen Kopf. Er war immer über mir, saß mir teils im Nacken, teils zwischen den Augen, von Anfang an, von Heiligabend bis Heiligabend bis Heiligabend, als wäre Heiligabend ein Dorf am Niederrhein, zwischen Wachtendonk und Keppeln, wo die Menschen sitzen, wenn sie sitzen, stehen, wenn sie stehen, liegen, wenn sie liegen, so schwer ist oft ihr Herz, und sie können es nicht ausschütten. Auch am Heiligen Abend stehen sie meist verlegen neben dem Baum und sagen: „Da wommer ma die Geschenke auspacken." Die Gemütsbewegungen am Niederrhein könnten tausend Lokomotiven in Gang setzen, wenn der Niederrheiner sie nicht dauernd versteckte.

Aber in seinem Kopf und in seinem Bauch gehen am Heiligen Abend die Pferde durch, und er hört alles und er sieht alles: wie die Züge am Heiligen Abend immer noch rudelweise durch die Nacht fahren, und es sind wenig Menschen zu sehen, aber eine Menge Schicksal, und Flugzeuge sind auch immer noch in der Luft, und nach Dover soll am Heiligen Abend kein Schiff gehen, das hat der Niederrheiner mal irgendwo gelesen und behält es bis an sein Lebensende, und auch die Politiker machen mal „en Päusken", und man kann wirklich durch alle Häuser sehen, und in Paris ist Notre-Dame völlig ausverkauft. Und dann fällt dem Niederrheiner ein, dass sein Großvater ihm mal einen Matador-Holzbaukasten geschenkt hat und später einen Stabilbaukasten und eine Dampfmaschine mit Transmissionsriemen, und dass einmal nicht gesungen wurde, weil da die Großmutter fehlte, und es gab immer um diese Zeit Spekulatius, auf niederrheinisch Speckelaats, auf Schwarzbrot mit dick Butter. Wunderbar. Und mein kleines Herz war mir immer einen Traum voraus. Während im großen Himmel sich die besten

Klavierspieler der Welt Tonarten und harmonische Ziffern zurufen und die besten Philosophen der Welt ihre Weisheit bereuen und sich entschuldigen, sehen die besten Engel der Welt mit unübersetzbarer Geduld zu, wie ihre Nachkommen sich bemühen, Einsicht und Großmut zu üben.

Ich hab' immer um diese Zeit das Gefühl, dass alle meine Verwandten da oben im Himmel sitzen und zugucken, um zu sehen, „wat de Jung wohl macht". Ich bin jetzt 65 Jahre alt, aber für die da oben im Himmel bin ich immer noch „de kleine Jung", besonders an Weihnachten. Das ist am Niederrhein so. Und je älter ich werde, desto mehr hab' ich diese kindliche Vorstellung, dass der Himmel eine ganz große Wohnung ist, mit vielen Zimmern und Tischen und Bänken und Stühlen und Fenstern und Gardinen, also wie bei uns zu Hause, und da sitzen sie alle und gucken und warten, bis es dann eines Tages unsereinen auch erwischt. Und mich beobachten sie am Heiligen Abend ganz besonders, ob ich zugenommen oder abgenommen habe, ob ich gut aussehe oder „kränkskes" bin in Neukirchen-

Vluyn am Niederrhein, wo ich ja mal im dicksten Schneegestöber unsere Weihnachtsgans abgeholt habe und beinahe nicht mehr nach Haus gekommen wäre. Da sagt man nicht „de Jung is krank", sondern „de Jung ist kränkskes", der hat sich den Magen verdorben von den vielen „Plätzkes" und dem ganzen Marzipankram. Heiligabend am Niederrhein: Da dreht sich alles um „de Jung un de Dern". Das ist woanders ganz bestimmt genauso, aber ich bin davon nie losgekommen und bin immer noch damit beschäftigt, erwachsen zu werden. Nur in letzter Zeit fällt es mir schwer, da schlägt die Erinnerung um sich, das flache Land wirft sich wie ein Leintuch über mich, und ich frage mich, warum machen wir das alles:

Warum übt man vierhändig die alten Weihnachtslieder?
Warum lässt man eine alte Puppe reparieren?
Warum guckt man durchs Schlüsselloch?
Warum werden im Himmel Plätzchen gebacken?

Damit die kleinen Kinder große Augen machen
Dass ihre Wünsche in Erfüllung gehen
Und wenn sie staunen und verlegen lachen
Dann möchte man am liebsten
Ganz im Dunkeln stehn
Damit die kleinen Kinder große Augen machen
Damit ihr Herz von dieser Welt noch nichts erfährt
Denn wenn sie groß sind, werden viele Sachen
Die sie erträumt, sehr schnell zerstört
Damit die kleinen Mündchen große Dinge sagen
Die Bäckchen sind vor Aufregung ganz heiß
Und wenn sie tausendmal dasselbe fragen:
Woher das Christkind denn das alles weiß
Dann glaubt man wieder an ein Wunder
Und träumt sich selbst ein Stück zurück
Und freut sich wie die kleinen Kinder
Auf diesen großen Augenblick.

Hanns Dieter Hüsch

Tannenbaum

Er steht und grünt in Einsamkeit.
Der Wald liegt schweigend, tief verschneit.
Er prangt in heller Lichter Glanz
in Weihnachtsfeier-Strahlenkranz. –
Der Frühling schmückt ihn licht im Grün,
an jedem Zweige Lichter blühn.
Sie streben auf zur Himmelsluft
und füllen sie mit frischem Duft. –
So feiert er in Duft und Pracht
des Lenzes heil'ge Weihenacht.

Oskar Häring

Tannenbaum und Stechpalme

Weihnachten klopft auch in London an die Türen. Es ist nicht mehr der national-britische *Christmaseve* mit seinem vorwiegend patriarchalischen Charakter; der Klopfende gleicht vielmehr unserem alten Freunde „Knecht Ruprecht", der während der letzten zwanzig Jahre es prächtig verstanden hat, für sich selber Propaganda zu machen und auch der englischen Weihnachtszeit ein mehr und mehr deutsches Gepräge zu geben. Mit andern Worten, es ist der Sieg des Tannenbaums über den altenglischen Weihnachtsbaum, den *mistletoe*. In alten Zeiten (wie jedermann aus zahllosen Beschreibungen englischer Romane weiß) prangte der weihnachtliche Mistelbusch am äußersten Ende der festlich geschmückten Halle; der Qualm der Lichter und Fackeln mischte sich mit dem Duft der Rund- und Rückenstücke, die an flackernden Feuern brieten; Musik erklang und die scharf gezogenen Schranken zwischen Herr und Diener fielen auf die kurze Dauer eines Abends. Unter dem alten Mistelbusch galt überdies noch das alte Reimwort von einem „Kuss in Ehren". So war es vordem. Das Alte hat sein Leben auf Schlössern und Herrensitzen gerettet; aber in den großen Städten ist, neben der Mistel und dem reizenden Stechpalmenreis, die Tanne in die Höh' geschossen und bedroht die alten weihnachtsgrünen Mächte mit einer siegreichen Konkurrenz. Eine neue Dynastie, aber stark, weil zweckentsprechend. Einzelne Hyperpatrioten, die den *german influence* auf jedem Gebiete, auch auf dem harmlosesten, bekämpfen und ausrotten möchten, haben zwar die deutsche Tanne in den Bann getan; aber sie werfen sich vergebens dem rollenden Rad entgegen, und jeder neue Weihnachtstisch ist ein neuer Sieg unserer deutschen Sitte. Die Umwandlung hat sich in London beinah vollständig vollzogen: Das Weihnachtsfest, dessen häusliche Feier ein soziales Fest, ein Fest der Ausgleichung, der Brüderlichkeit im schönsten Sinne war, ist ein Kinderfest geworden. Eine schöne und tief poetische Idee hat die andere abgelöst; vielleicht war das alte tiefer im Gedanken und lustiger in der Erscheinung, aber das neue ist lieblicher und heiterer. Noch einmal: Weihnachten im englischen Hause ist ein Kinderfest geworden, und im Einklang mit dieser Wandlung präsentieren sich jetzt die Londoner Straßen. Auch hier drängen sich die Penny-, die Six-Pence- und die Schilling-Buden; riesige Wiegepferde (hübscher als die unsrigen, wie es sich in dem Land des Vollbluts geziemt) bäumen in die Höh' oder sprengen in vollem Galopp durch die Spiegelscheiben; Trommeln (schlechter als die unsrigen, wie sich's im Lande der militärischen Antipathien von selbst versteht) bilden die üblichen Pyramiden; rote, sternbesäte Luftballons schweben die Glasdecke der Arkaden entlang, und überall an den Straßenecken grünt das Edeltannenreis in Blumentöpfen. Auch an Kauflustigen fehlt es nicht. In der Mittagszeit sind die zur Stadt fahrenden Omnibusse bis auf den letzten Platz besetzt. Damen, junge und alte, sitzen sich in langer Reihe einander gegenüber und haben etwas von der ernsten Würde des Weihnachtsmannes. Nur ein Element unter den täglichen Fahrgenossen fehlt – die Kinder. Das Geheimnis der Weihnachtswoche hält sie daheim, und hier wie überall finden sich selbst die wildesten leicht in jene Gefangenschaft, die schon nach wenigen Tagen mit der Freiheit und – dem Christbaum schließt.

Theodor Fontane

Der Christbaum in der Waldheimat

Es waren die ersten Weihnachtsferien meiner Studentenzeit. Wochenlang hatte ich schon die Tage, endlich die Stunden gezählt bis zum Morgen der Heimfahrt von Graz bis Alpel. Und als der Tag kam, da stürmte und stöberte es, dass mein Eisenbahnzug stecken blieb. Da stieg ich aus und ging zu Fuß, frisch und lustig sechs Stunden lang durch das Tal, wo der Frost mir die Nase und Ohren abschnitt, dass ich sie gar nicht mehr spürte. Durch den Bergwald hinauf, wo mir so warm wurde, dass die Ohren auf einmal wieder da waren und heißer als je im Sommer. So kam ich, als es schon dämmerte, glücklich hinauf, wo das alte Haus, schimmernd durch Gestöber und Nebel, wie ein verschwommener Fleck stand, einsam mitten in der Schneewüste. Als ich eintrat, wie war die Stube so klein und niedrig und dunkel und warm – urheimlich. In den Stadthäusern verliert man ja allen Maßstab für ein Waldbauernhaus. Aber man findet sich gleich hinein, wenn die Mutter den Ankömmling ohne alle Umstände so grüßt: „Na, weil d' nur da bist."

Auf dem offenen Steinherd prasselt das Feuer, in der guten Stube wurde eine Kerze angezündet. „Muttern, nit!", wehrte ich ab. „Tut lieber das Spanlicht anzünden, das ist schöner." Sie tat's aber nicht. Das Kienspan ist für die Werktage. Weil nach langer Abwesenheit der Sohn heimkam, war für die Mutter Feiertag geworden. Darum die festliche Kerze. Und für mich erst recht Feiertag.

Als die Augen sich an das Halblicht gewöhnt hatten, sah ich auch den Nickerln, das achtjährige Brüderlein. Es war das jüngste und letzte. „Ausschauen tust gut!", lobte die Mutter meine vom Gestöber geröteten Wangen.

Der kleine Nickerl aber sah blass aus. „Du hast ja die Stadtfarb, statt meiner!", sagte ich und habe gelacht. Die Sache war so. Der Kleine tat husten, den halben Winter schon. Und da war eine alte Hausmagd, die sagte es – ich wusste das schon früher – täglich wenigstens dreimal, dass für ein „hustendes Leut" nichts schlechter sei als „der kalte Luft". Sie verbot es, dass der Kleine hinaus vor die Tür ging. So kam der Knabe nie ins Freie und kriegte auch in der Schule keine gute Luft zu schnappen. Ich glaube, deshalb war er so blass, und nicht des Hustens halber.

In der dem Christfest vorhergehenden Nacht schlief ich wenig – etwas Seltenes in jenen Jahren. Die Mutter hatte mir auf dem Herd ein Bett gemacht mit der Weisung, die Beine nicht zu weit auszustrecken, sonst kämen sie in die Feuergrube, wo die Kohlen glosten. Die glosenden Kohlen waren gemütlich, das knisterte in der stillfinsteren Nacht so hübsch und warf manchmal einen leichten Glutschein an die Wand, wo in einem Gestelle die buntbemalten Schüsseln lehnten. Da war ein Anliegen, über das ich schlüssig werden musste in dieser Nacht, ehe die Mutter an den Herd trat, um die Morgensuppe zu kochen. Ich hatte viel sprechen gehört, wie man in den Städten Weihnacht feiert. Da sollen sie ein Fichtenbäumchen, ein wirkliches kleines Bäumlein aus dem Wald auf den Tisch stellen, an seinen Zweigen Kerzlein befestigen, sie anzünden, darunter sogar Geschenke für die Kinder hinlegen und sagen, das Christkind hätte es gebracht.

Nun hatte ich vor, meinem kleinen Bruder, dem Nickerl, einen Christbaum zu errichten. Aber alles im Geheimen, das gehört dazu. Nachdem es so weit Taglicht geworden war, ging ich in den frostigen Nebel hinaus. Und just dieser Nebel schützte mich vor Blicken der ums Haus herum arbeitenden Leute, als ich vom Walde her mit einem Fichtenwipfelchen gegen die Wagenhütte lief, dort das Bäumchen in ein Scheit bohrte und unter dem Karren- und Räderwerk versteckte.

Dann ward es Abend. Die Gesindleute waren noch in den Ställen beschäftigt oder in den Kammern, wo sie sich nach der Sitte des Heiligen Abends die Köpfe wuschen und ihr Festgewand herrichteten. Die Mutter in der Küche buk die Christtagskrapfen, und der Vater mit dem kleinen Nickerl besegnete den Hof. Der Vater hatte nämlich in einem Gefäß glühende Kohlen, hatte auf dieselben Weihrauch gestreut und ging damit durch alle Räume des Hofes, durch die Stallungen, Scheunen und Vorratskammern, in alle Stuben und Kammern des Hauses endlich, um sie zu beräuchern und dabei schweigend zu beten. Es sollten böse Geister vertrieben und gute ins Haus gesegnet werden.

Dieweilen also die Leute draußen zu tun hatten, bereitete ich in der großen Stube den Christbaum. Das Bäumchen, das im Scheit stak, stellte ich auf den Tisch. Dann schnitt ich vom Wachsstock Kerzchen und klebte sie an die Ästlein. Unterhalb, am Fuße des Bäumchens, legte ich den Wecken hin.

Da hörte ich über der Stube auf dem Dachboden auch schon Tritte – langsame und trippelnde. Sie waren schon da und segneten den Bodenraum. Bald würden sie in der Stube sein, mit der wir den Rauchgang zu beschließen pflegten. Ich zündete die Kerzen an und versteckte mich hinter dem Ofen. Noch war es still. Ich betrachtete vom Versteck aus das lichte Wunder, wie in dieser Stube nie ein ähnliches gesehen worden. Die Lichtlein auf dem Baum brannten so still und feierlich – als schwiegen sie mir himmlische Geheimnisse zu. Endlich hörte ich an der Schwelle des Vaters Schuhklöckeln. Die Tür ging auf, sie traten herein mit ihren Weihgefäßen und standen still.

„Was ist denn das!?", sagte der Vater mit leiser, langgezogener Stimme. Der Kleine starrte sprachlos drein. In seinen großen, runden Augen spiegelten sich wie Sternlein die Christbaumlichter. – Der Vater schritt langsam zur Küchentür und flüsterte hinaus: „Mutter! – Mutter! Komm ein wenig herein."

Und als sie da war: „Mutter, hast du das gemacht?"

„Maria und Josef!", hauchte die Mutter. „Was haben's denn da auf den Tisch getan?" Bald kamen auch die Knechte und Mägde herbei, hell erschrocken über die seltsame Erscheinung. Da vermutete einer, ein Junge, der aus dem Tal war: Es könnte ein Christbaum sein ... Sollte es denn wirklich wahr sein, dass Engel solche Bäumlein vom Himmel bringen? – Sie schauten und staunten. Und aus des Vaters Gefäß qualmte der Weihrauch und erfüllte schon die ganze Stube, so dass es war wie ein zarter Schleier, der sich über das brennende Bäumlein legte.

Die Mutter suchte mit den Augen in der Stube herum. „Wo ist denn der Peter?"

Da erachtete ich es an der Zeit, aus dem Ofenwinkel hervorzutreten. Den kleinen Nickerl, der immer noch sprachlos und unbeweglich war, nahm ich an den kühlen Händchen und führte ihn vor den Tisch. Fast sträubte er sich. Aber ich sagte – selber tief feierlich gestimmt – zu ihm: „Tu dich nicht fürchten, Brüderl! Schau, das lieb Christkindl hat dir einen Christbaum gebracht. Der ist dein."

Und da hub der Kleine an zu wiehern vor Freude und Rührung, und die Hände hielt er gefaltet wie in der Kirche. – Öfter als vierzigmal seither habe ich den Christbaum erlebt, mit mächtigem Glanz, mit reichen Gaben und freudigen Jubels unter Großen und Kleinen. Aber die größere Christbaumfreude, ja eine so helle Freude hab ich noch nicht gesehen wie jene meines kleinen Brüderlein Nickerl – dem es so plötzlich und wundersam vor Augen trat – ein Zeichen dessen, der da vom Himmel kam.

Peter Rosegger

Schicksal eines Christbaums

Gar fern am stillen Waldessaum,
da steht ein junger Tannenbaum.
Der Wind streicht durch sein grünes Kleid.
Wie lange wird ihm doch die Zeit!

Da plötzlich kam zum grünen Tann
mit blanker Axt ein finstrer Mann,
der schlägt die zarte Tanne um,
sagt nicht wohin und nicht warum.

Der hat sie auf den Schlitten sacht
zum Christmarkt in die die Stadt gebracht,
wo bunt die Leut' des Weges wandeln.
Ein reicher Herr tat sie erhandeln.

Und als der Heilige Abend war,
da jubelt laut die kleine Schar,
da strahlt der Christbaum hell von Kerzen,
voll Spielzeug und voll Zuckerherzen.

Das Zuckerzeug war bald verzehrt,
da ward der Christbaum abgeleert.
Wehmütig stehn herum die Kleinen:
Aufs Jahr erst gibt es wieder einen.

Drei Tage nach dem heil'gen Christ,
da lag er draußen auf dem Mist.
Der Wind strich durch sein grünes Kleid.
Dahin ist alle Herrlichkeit.

Eugen Adam

IV.
Von Hebammen, Enkeln und Beamten – Der andere Christkindempfang

Die Kunst, Weihnachten richtig zu feiern

„Und jeder behauptete, dass Scrooge am besten wisse, wie man Weihnachten halten müsste, und dass sich darin kein Mensch in der Christenheit mit ihm messen könne." Das ist weiß Gott eine starke Behauptung. Sie steht in Dickens' Weihnachtsmärchen („Christmas Carol"), das bei uns jedes Jahr in den Weihnachtsfeiertagen gelesen wird, obwohl wir es fast auswendig können oder gerade darum. Wir freuen uns jedes Mal auf die Beschreibung des Londoner Nebels, auf die Stelle, wo Cratchit, des alten Geizkragens armer Schreiber, sein kleines Feuerchen schürt und für immer den letzten schwachen Funken erstickt oder wo von Cratchits Wohnung die Rede ist „in einem finstern Gebäude eines Hinterhofes, in den dasselbe so wenig passte, dass man auf den Gedanken kam, es habe als junges Häuschen beim Versteckspiel mit anderen Häusern sich dorthin verkrochen und nicht mehr herausgefunden". Es ist eine wunderbare, rührende Geschichte! Auch der Satz: „Dunkelheit ist billig, und das liebte Scrooge", steht dort und die zweifelnde Frage an den Geist Marleys: „Kannst du sitzen?" Ach, und dann die Schilderung der Geschäfte, der Weihnachtsauslagen! „Die kandierten Früchte so dick mit geschmolzenem Zucker überreift und übersiebt." Ich musste gestehen, dass es nicht leicht war, während des Krieges gerade diese Stellen zu lesen. Aber wir lasen sie dennoch.

Nun, nicht alle Weihnachten, die ich während bald 60 Jahren erlebte, waren gleich schön. Einmal, im Ersten Weltkrieg, saß ich am Christabend in einem dunklen Zug mit zerbrochenen Scheiben und fuhr aus dem Urlaub an die Front in Frankreich. Von Saclin nach Wavrin musste ich zu Fuß gehen. Um Mitternacht lief der Urlaub ab. Ich war der einzige Mann auf der Straße. Dennoch: Es war mir weihnachtlich zumute. Ich fand Humor bei der Sache, wie ich, der sich mit Scrooge (nach seiner „Bekehrung") vergleichen konnte, was nämlich rechte Weihnachten feiern heißt, mutterseelenallein moi tout seul durch die Nacht ging, mit dem Kalbfelltornister, dem „Muckl", auf dem Rücken. Das musste mir passieren, am Weihnachtsabend. Aber es war lange nicht so traurig wie das Weihnachtszimmer, das ich einmal in einer übrigens gutsituierten Familie sah. Sie hätte kein armseligeres Bäumchen finden können. Es musste in einer trostlosen Gegend gewachsen sein, so mager und freudlos sah es aus. Es bestand eigentlich nur aus Zwischenräumen, und der dürftige Schmuck machte es eher schlimmer als besser. Dabei waren Kinder im Haus.

Freilich müssen die Menschen, die das schönste Fest feiern, zwei Eigenschaften besitzen, von denen die zweite fast wichtiger ist als die erste, nämlich schenken können und beschenkt werden können. Es ist kein gutes Zeichen, wenn man sich erst lang besinnen muss, womit man dem oder jenem eine Freude machen kann. Wer leicht zu beschenken ist, scheint mir der wahre weihnachtliche Mensch zu sein, der, welcher die Gnade besitzt, sich freuen zu können.

Ja, und wie feierst du Weihnachten? Das Merkwürdige bei diesem Fest ist, dass es in jeder

Familie anders gefeiert, der Baum anders geschmückt, auch das traditionelle Weihnachtsesse anders sein wird und zugleich, wenn es am schönsten gelingt, es den andern am ähnlichsten ist. Ich bin nicht für elektrisch beleuchtete Christbäume. Man muss auch selber, und wäre es kein musikalischer Genuss, die Weihnachtslieder singen, wobei „Stille Nacht, heilige Nacht" nicht fehlen darf, und natürlich gehört die Erzählung von Christi Geburt dazu: „Es begab sich aber zu einer Zeit ..."

Meine Mutter pflegte jedes Weihnachten zu sagen: „So schön war der Baum noch nie!" Und allen sei gesagt, nie sind die Gesichter der Menschen so schön als beim Licht des Christbaumes, doch nur wenn es echte, nach Honig duftende Wachskerzen sind. Dass der Baum, wie manche behaupten, im Wald gestohlen sein müsste, ist Volksaberglaube und nicht unbedingt notwendig.

Ernst Penzoldt

Vom Esel, der gut lachen hatte

Es war einmal ein kleiner Esel, dem das aufgetragen war, was man von einem Esel gemeinhin verlangt: tagein, tagaus Säcke mit Getreide zur Mühle zu tragen und dann mit dem zu Mehl gemahlenen Getreide zum Bäcker zu traben. Er wusste wohl, dass der daraus Brot buk für die Menschen und dass die Menschen dieses am liebsten aßen – auch wenn sie es gar nicht immer recht beachteten. Darum aber tat er seine gewiss gar nicht so leichte Arbeit gern. Er war ja auch noch ein junger Esel. Stark und schön und schlank, mit einem samtigen weichen Fell und mit langen grauen Ohren, die ihm so wunderbar standen, dass die Eselinnen ihm lange nachsahen, wenn er so leichtfüßig, als trüge er gar keine Last, zu seiner Mühle trottete. Nachts hatte er seinen Schlafplatz in einem kleinen Stall, zusammen mit seinem Freund, dem Ochsen – dem, der die Mühle immer drehte – und den kleinen Spatzen, die unter dem Dache wohnten und fröhlich zwitscherten, wenn die ersten Strahlen der Sonne morgens durch das Strohdach lugten. Im Sommer mochte der Esel seine Arbeit darum besonders gern, waren doch die Spatzen allzu lustig. Aber im Winter war er manchmal ziemlich mürrisch, besonders an den Tagen, an denen der kalte Nordwind durchs Gebälk fegte und sich die Spatzen in ihre Federn verkrochen. Wenn dann gar noch der Frost kam und es zu schneien begann, dann wünschte sich der Esel nichts so sehr wie einen warmen Stall. Aber sein Bauer war arm und konnte es sich nicht leisten, das schadhafte Dach zu reparieren. So stand denn unser Esel manchen Winterabend hinter der Krippe und fror jämmerlich.

„Ochs", pflegte er dann zu seinem Gefährten zu sagen, „man hat uns doch geweissagt, dass wir etwas ganz Wunderbares erleben sollten. Wann kommt es nur, dieses Wunderbare?"

Nun, so ist das mit einem Esel, so störrisch er mitunter selbst sein kann, so wenig Geduld hat er. Dem Ochsen war das gleich. Er wartete gleichmütig auf den warmen Sommer. Das verdross den Esel dann schon sehr.

Nun war es wieder einmal so eine kalte Winternacht. Der Esel fror und wollte eben trotz der Kälte die Augen schließen, um ein wenig zu schlafen, da geschah es: Erst schien es gar nicht etwas Besonderes zu sein. Das kam schon hin und wieder vor, dass ein verirrter Wanderer den Weg in die nächste Herberge nicht fand und mit dem Stall vorliebnahm. Darum wunderte er sich nicht über den Mann und die junge Frau, die da im Stroh des Stalles Schutz vor der Kälte suchten. Der Mann machte ein kleines Feuer. Es wurde nicht einmal so recht hell davon und schon gar nicht warm. Die junge Frau aber legte sich nieder, stöhnte leise und dann schrie sie auch noch! Das klang so traurig, dass sich der Esel wünschte, nicht gar so lange Ohren zu haben, um das nicht anhören zu müssen! Aber dann war da auf einmal noch ein kleines Stimmchen zu vernehmen. Und ein Kind, das die Frau im Arm hatte.

„Sieh nur", sagte sie und zeigte es ihm ganz stolz. Ausgerechnet ihm, dem Esel, zeigt sie ihr Kind! „Das ist der Herr der Welt!"

„Wie, soll das ein Herr sein?", iahte der Esel. „Das ist doch nur ein kleines, dummes Neugeborenes!"

Aber als das ihn anstrahlte, wurde ihm ganz warm ums Herz. Und ganz hell wurde es. Und der Ochse brummelte, als ob er singen wollte. Mitsingen! Wo kamen denn die vielen Stimmen plötzlich her? Überall sang und klang es. Als ob die Engel im Himmel singen würden! Oder waren es nur die Spatzen, die so aufgeregt tschilpten? Aber als der Esel aufsah, waren sie tatsächlich da, die Engel! Die sangen und musizierten und waren außer sich vor Freude. Sie tanzten um das Kind und kitzelten den Esel übermütig hinter den Ohren.

„Willst du ihm dienen, dem Herrn der Welt?", fragten sie.

Der Esel sah das Kind an. Das war nun kein kleines dummes Neugeborenes mehr, sondern eins, das vor Freude zappelte und strampelte und ihn aufmunternd ansah. Da musste er vor Freude lachen, der Esel. „Ja wenn das so ist, will ich es gern tun." Dabei wusste er noch nicht, was er alles zu tun bekommen sollte: Die Mutter musste er noch in der übernächsten Nacht mit dem Kind bis nach Ägypten tragen! Und immer, wenn die Familie später die weite Reise von Nazareth nach Jerusalem antrat, musste er mit, um alles zu schleppen, was man so unterwegs brauchte. Dann war das Kind auf einmal groß, ging seiner Wege und schien ihn nicht mehr zu brauchen. Das machte ihn schon wieder etwas traurig, den Esel.

Eines Tages aber, als er schon sehr, sehr alt war, kam einer und sagte zu ihm: „Der Herr bedarf deiner."

Da trug er ihn noch einmal auf seinem Rücken und trug ihn durch das hohe und weite Tor in die große Stadt Jerusalem hinein. Und das Volk scharte sich am Straßenrand, jubelte und sang, dass es eine Lust war, ein Esel zu sein, selbst wenn man die Last zu tragen hatte. Nun wusste er es wirklich: Er trug ihn, den König und den Herrn der Welt!

Was dann geschah, verstand er nicht so recht: Warum es um den Herrn der Welt wieder still wurde. Als ob der nicht mehr da wäre. Er merkte nur, wie ruhig es in der Stadt auf einmal war und wie sich eine unsagbar große Trauer über alles legte.

Tage später kam der Herr der Welt wieder zu ihm und ließ sich noch einmal von ihm tragen, weit weg, in das ferne Gebirge seiner Kindheit. Das war eine so sanfte Last, dass der Esel wieder ganz fröhlich wurde. Das blieb er auch, als er sah, wie die Freunde des Herrn ihm nachsahen, wie er entschwand, als führe er in den Himmel. Da wurde es dem Esel so wunderbar leicht ums Herz, und er spürte, dass auch ein Esel etwas ganz Wichtiges tun konnte, und wenn es nur das war, den Herrn der Welt hin und wieder auf seinem Rücken zu tragen.

Zur Erinnerung daran malen die Künstler diesen Esel immer mit dazu, wenn sie die Geburt des Herrn der Welt in ihren bunten Bildern zeigen. Auch wenn nur wenige von ihnen wissen, dass das Bild nur dann richtig ist, wenn es einen Esel zeigt, der vor Freude lachen kann.

Thomas Begrich

Einsiedlers Heiliger Abend

Ich hab' in den Weihnachtstagen –
ich weiß auch, warum –
mir selbst einen Christbaum geschlagen,
der ist ganz verkrüppelt und krumm.

Ich bohrte ein Loch in die Diele
und steckte ihn da hinein
und stellte rings um ihn viele
Flaschen Burgunderwein.

Und zierte, um Baumschmuck und Lichter
zu sparen, ihn Abend noch spät
mit Löffeln, Gabeln und Trichter
und anderem blanken Gerät.

Ich kochte zur heiligen Stunde
mir Erbsensuppe mit Speck
und gab meinem fröhlichen Hunde
Gulasch und litt seinen Dreck.

Und sang aus burgundernder Kehle
das Pfannenflickerlied.
Und pries mit bewundernder Seele
alles das, was ich mied.

Es glimmte petroleumbetrunken
später der Lampendocht.
Ich saß in Gedanken versunken.
Da hat's an die Türe gepocht,

Und pochte wieder und wieder.
Es konnte das Christkind sein.
Und klang's nicht wie Weihnachtslieder?
Ich aber rief nicht: „Herein!"

Ich zog mich aus und ging leise
zu Bett, ohne Angst, ohne Spott,
und dankte auf krumme Weise
lallend dem lieben Gott.

Joachim Ringelnatz

Das Christkind
beim Finanzamt

Denkt euch, ich habe das Christkind gesehen,
es war beim Finanzamt zu betteln und fleh'n.
Denn das Finanzamt ist gerecht und teuer,
verlangt vom Christkind die Einkommens-
   steuer.

Das Amt will noch wissen, ob es angehen kann,
dass das Christkind so viel verschenken kann.
Das Finanzamt hat so nicht kapiert,
wovon das Christkind dies finanziert.

Das Christkind rief:
   „Die Zwerge stellen die Geschenke her",
da wollte das Finanzamt wissen,
   wo die Lohnsteuer wär.
Für den Wareneinkauf müsste es
   Quittungen geben,
und die Erlöse wären anzugeben.

„Ich verschenke das Spielzeug an Kinder",
   wollte das Christkind sich wehren,
dann wäre die Frage der Finanzierung zu klären.
Sollte das Christkind vielleicht
   Kapitalvermögen haben,
wäre dieses jetzt besser zu sagen.

„Meine Zwerge besorgen die Teile,
und basteln die Geschenke in Eile."
Das Finanzamt fragte wie verwandelt,
ob es sich um innergemeinschaftliches
   Gewerbe handelt.

Oder kämen die Gelder, das wäre ein
   besonderer Reiz,
von einem illegalen Spendenkonto
   aus der Schweiz?
„Ich bin doch das Christkind,
   ich brauche kein Geld.
Ich beschenke doch die Kinder
   in der ganzen Welt."

„Aus allen Ländern kommen die Sachen,
mit denen wir die Kinder glücklich machen."

Dieses wäre ja wohl nicht geheuer,
denn da fehle ja die Einfuhrumsatzsteuer.

Das Finanzamt, von diesen Sachen
　keine Ahnung,
meinte, dies wäre ein Fall für die
　Steuerfahndung.
Mit diesen Sachen, welch ein Graus,
fällt Weihnachten dieses Jahr wohl aus.
Denn das Finanzamt sieht es so nicht ein,
und entzieht dem Christkind den
　Gewerbeschein.

Unbekannt

Die Hebamme des Herrn

Offen gestanden: Anfangs hat es mich gewurmt, dass man mich so geflissentlich übersehen hat. Einfach keine Notiz von meiner Existenz genommen hat, geschweige von meiner Funktion. Mir ist jedenfalls keine Darstellung bekannt, auf der ich unmissverständlich in Erscheinung träte. Höchstens, dass da und dort auf einigen Bildern Frauen herumstehen. Einige machen sich sogar nützlich, schleppen Wasserkrüge und Bottiche herbei, kredenzen der Wöchnerin, die unter engelumschwebten Betthimmeln liegt, eine Suppe, machen Hoppehoppereiter mit dem Kind – was aber meines Amtes ist, bleibt unerfindlich. Die Zahl der Bilder, Fresken, Reliefs, der Stiche und Holzschnitte ist Legion. Ich komme darauf nicht vor.

Früher wollte ich mich ins Bild setzen. Wenigstens in einem der Krippenspiele wäre ich gern aufgetreten. Natürlich wäre das nicht statthaft gewesen. Man hätte mich der Blasphemie geziehen. Außer den sattsam bekannten Figuren hatte da tunlichst niemand etwas zu suchen, niemand etwas verloren. Maria und Josef, Engel und Hirten, Ochs und Esel. Und das Kind natürlich. In der Krippe. Längst durchgelegen auf Heu und Stroh. Holder Knabe im lockigen Haar. Von Locken konnte übrigens keine Rede sein. Aber darauf werde ich später zu sprechen kommen.

Heutzutage verfährt man weniger pedantisch mit Krippenfiguren. Weniger idyllisch. Man ist so frei, zum Beispiel ein Fahrrad an die Stallwand zu lehnen. Ein anderer Dichter, ein großer übrigens, lässt das Kind „vom Seime der Kälber benetzt" sein und behauptet, kürzlich sei dort „auch eingekehrt ein Mädchen, geboren unter dem giftigen Pilz in Hiroshima, zur Sekunde des Blitzes". Das Entstellteste zwischen die Hirten gestellt, die daneben in ihrer Armut gerade beneidenswert anmuten.

Ich will damit nur sagen: Es wäre heute durchaus an der Zeit, mich einzumischen, Klartext zu reden, zu sagen: Maria sei schließlich nicht die Mutter Buddhas gewesen, die sich, der Legende nach, an einem Baum im Lumbuniwald festgehalten und ohne weitere Umstände und schmerzlos mit einem Sohn niedergekommen sei. Maria hat entbunden wie jede andere Frau, und ich habe getan, was zu tun war, ihr Kreuz gestützt und während der Austreibungszeit ihr Erleichterung verschafft, indem ich mich so hinstellte, dass sie ihre Füße gegen mich stemmen konnte. Wir haben es beide bewerkstelligt, beide geboren. Dass das Kinde keine Locken hatte, sondern kahl war, konnte ich schon beim Einschneiden des Kopfes sehen.

Ich bin überzeugt, wenn ich mich zu Wort meldete, heute fänden sich Maler und Dichter, die mich rehabilitierten. So könnte ich mir Bilder vorstellen, auf denen ich zu erkennen wäre: dick, versteht sich, plump. Werkelnd mit roten Händen, die zuzupacken und doch sanft zu sein haben, kurz und gut, die Hebamme, Wehmutter, weise Frau, Geburtshelferin, umsichtig, erfahren, verantwortlich dafür, dass die Mutter keinen Schaden nimmt und das Kind nicht zu lange in dem finsteren und engen Schlauch steckt und dann rechtzeitig seinen ersten Schrei ausstößt. Mit Wasserkrügen herumlaufen und schön tun mit dem Kind genügt nicht. Das kann jeder. Mit Herumstehen, Mund- und Naseaufreißen und „Ach Gott, ach Gott"-Sagen ist nichts getan. Auch singen, so schön es ist, kann man nicht ewig. Vorher muss die Geburt vonstatten gegangen sein.

Also gut, man unterschlägt mich heute nicht mehr, ganz im Gegenteil, man ist außerordentlich zurückhaltend geworden, was das Kind betrifft. Es wurde sogar schon totgesagt. Die Geburt hat überhaupt nicht stattgefunden. Hier könnte ich zwar als Zeuge auftreten. Statt fand sie, und eine Totgeburt war es auch nicht. Das Kind schrie, kaum dass ich es abgenabelt hatte. Und auch danach hat man in meiner Situation noch alle Hände voll zu tun.

Inzwischen habe ich aber eingesehen, dass trotzdem, oder vielmehr gerade deshalb, auf keiner Darstellung Raum für mich wäre. Nicht einmal mein Name könnte wie unter Gruppenbildern im gesichtslosen Umriss von Kopf und Schultern stehen. Keine Leinwand, kein Flügelaltar wäre groß genug, mich unterzubringen. Ich bin Legion, nicht zu malen, nicht zu benennen, nicht zu besingen. Ich helfe und helfe dem Kind kommen und nehme es in Empfang und verliere dabei keine Worte. Ich steh' nicht an der Krippen hier herum, vergafft in Gott. Ich versuche immer wieder, Ihm den Weg zu bahnen. Ich bin jedermann, jede Frau an jedwedem Tag, wo Ihm zur Welt verholfen wird in jedem Jahr des Herrn.

Eva Zeller

Als Weihnachten ausfiel

1

Nicht jetzt – irgendwann, wahrscheinlich in ein paar Jahren, hatten Herr und Frau Schmidt keine Lust mehr, Weihnachten zu feiern.

„Der Trubel fängt immer früher an", sagte Frau Schmidt, als im August die ersten Lebkuchen im Schaufenster lagen.

Herr Schmidt brummte. „Das ist alles nur Geschäft." Frau Schmidt war der gleichen Meinung. Darum sagte sie: „Das machen wir nicht mehr mit. Niemand kann uns dazu zwingen. Ich finde, wir lassen Weihnachten einfach mal ausfallen."

Herr Schmidt war einverstanden. Sie beschlossen also, sich um nichts zu kümmern, was mit Weihnachten zusammenhing. Keine Aufregung, keine Vorbereitungen, keine Anstrengungen. Weihnachten sollte ein Tag wie jeder andere sein.

2

Während nun in den nächsten Wochen alle Leute mit Tüten, Einkaufsbeuteln, Taschen und Paketen durch die Stadt und von Kaufhaus zu Kaufhaus, von Geschäft zu Geschäft hetzten, gingen Herr und Frau Schmidt gemütlich im Park spazieren und fütterten die Enten. Es war ganz ruhig dort, und sie waren allein. Wenn sie heimkamen, fanden sie manchmal im Briefkasten eine bunte Karte, auf der ihnen irgendjemand „FROHE WEIHNACHTEN" wünschte. Sie warfen die Karte weg und sagten: „Weihnachten fällt für uns aus!"

Allerdings träumte Herr Schmidt in dieser Zeit, dass er wieder ein Kind war, das auf den Weihnachtsmann wartete. Aber davon erzählte er Frau Schmidt lieber nichts.

Frau Schmidt sang manchmal heimlich ein Weihnachtslied vor sich hin, doch nur, wenn Herr Schmidt nicht in der Nähe war. Wenn sie zusammen waren, sagten sie immer wieder: „Wir hatten eine gute Idee!"

3

Schließlich war der Heilige Abend da.

Morgens beim Frühstück sagte Frau Schmidt: „Ich denke, ich werde heute mal Wäsche waschen."

„Ja, mach das" sagte Herr Schmidt, „dann repariere ich endlich unsern Kleiderschrank." Doch dazu brauchte er Dübel und Schrauben, und Frau Schmidt hatte nicht mehr genug Waschpulver.

Herr und Frau Schmidt mussten also einkaufen gehen.

Alle Leute schienen an diesem Tag unterwegs zu sein. Herr und Frau Schmidt kamen im Gedränge nur langsam voran. Sie wurden gestoßen, geschoben und getreten, bis sie vor dem Kaufhaus standen.

Außer Atem sagte Frau Schmidt: „Das ist ja grässlich! Nur schnell weg von hier. Am besten, wir trennen uns, dann geht es schneller."

Herr Schmidt wurde schon weitergedrängt. Er rief noch: „Wie treffen uns hinterm Kaufhaus!", dann war er verschwunden.

4

Waschpulver gab es unten im Supermarkt. Frau Schmidt kam kaum an das Regal heran. Immer wieder fuhren Leute mit hochbepackten Wagen an ihr vorbei und schoben sie weg. Als sie endlich ihr Waschpulver hatte, musste sie vor der Kasse in einer langen Schlange warten. Die Kassiererin tippte, als ob sie fünfzig Finger hätte. Endlich war Frau Schmidt an der Reihe. Sie bezahlte und steckte ihr Waschpulver in einen Einkaufsbeutel. Dann zwängte sie sich als Letzte in einen überfüllten Fahrstuhl.

Alle hatten drei oder vier oder fünf Einkaufsbeutel, und beim Aussteigen mussten sie aufpassen, dass sie sich nicht verhedderten und dass jeder seinen eigenen Einkaufsbeutel behielt. Frau Schmidt hatte Glück. Sie konnte gerade noch, ehe der Fahrstuhl wieder losfuhr, ihren Einkaufbeutel an sich reißen.

5

Herrn Schmidt erging es nicht besser.

Dübel und Schrauben gab es oben im vierten Stock. Aber dort gab es auch Kerzen, Kugeln

und Lametta. Das kauften die Leute in großen Mengen, doch niemand außer Herrn Schmidt kaufte heute Dübel und Schrauben.
Es dauerte eine ganze Weile, ehe er bezahlen konnte. Dann dauerte es noch mal lange, bis er einen Platz auf der vollen Rolltreppe fand. Dabei verlor er fast das Gleichgewicht und fast seinen Einkaufsbeutel. Schließlich war er unten.

6

Herr und Frau Schmidt trafen sich zur gleichen Zeit hinterm Kaufhaus. Beide ruhten sich einen Augenblick von den Anstrengungen aus.
Ein Mann, der dort Weihnachtsbäume verkauft hatte, rief ihnen zu: „Wie wär's denn, meine Herrschaften, hier habe ich den letzten Weihnachtsbaum, ein Sonderangebot zum halben Preis! Greifen Sie zu, ab morgen wird der Verkauf für ein Jahr eingestellt!"
Herr und Frau Schmidt sahen sich den kleinen krummen Baum an, den ihnen der Mann entgegenhielt. Frau Schmidt schüttelte den Kopf und meinte: „Der hätte lieber im Wald stehen bleiben sollen."

Herr Schmidt erklärte dem Mann: „Wir sind gegen Weihnachten. Wir lassen es ausfallen."
„Das ist wohl so eine neue Masche", sagte der Mann, stopfte den kleinen Baum in eine Mülltonne und fuhr mit seinem Lastwagen davon.

7

Daheim tranken Herr und Frau Schmidt am Nachmittag Tee, wie alle Tage. Dann saßen sie herum und sagten nichts. Sonst hatten sie sich immer was zu erzählen. Herr Schmidt dachte an seinen Traum, und Frau Schmidt dachte an alle Weihnachtsliederstrophen, die sie kannte. Fast hätte sie gesungen, doch sie sagte lieber: „Also, ich werde jetzt Wäsche waschen." „Gut, dann repariere ich jetzt den Kleiderschrank", sagte Herr Schmidt. Sie standen auf und gingen in die Küche.

Dort lagen noch die beiden Einkaufsbeutel. Weil sie aus demselben Kaufhaus stammten, sahen beide ganz gleich aus. Herr Schmidt nahm einen in die Hand und sah hinein. Dann schnupperte er. Aus dem Beutel roch es merkwürdig gut, es roch so nach Weihnachten! Als Herr Schmidt nun hineinfasste, griff er Lebkuchen, Äpfel und Zuckerzeug.

Herr Schmidt freute sich zwar, aber er sagte zu Frau Schmidt: „Du hast aber merkwürdiges Waschpulver gekauft!"

„Ich? Wieso? Kein anderes als sonst", sagte Frau Schmidt. Dann sah auch sie, was in dem Beutel war. „Das hab ich nicht gekauft, das ist sicher dein Beutel", sagte sie. Und dann meinte sie: „Ich habe geahnt, dass du dich nicht an unsere Abmachung halten wirst."

Herr Schmidt sagte etwas eingeschnappt: „Nein, dieses hier ist mein Beutel!" Er nahm den anderen Einkaufsbeutel und stülpte ihn um. Über den Küchentisch rollten Kerzen, Kugeln und Lametta. Herr und Frau Schmidt sahen sich an, und beide dachten voneinander dasselbe. Endlich meinte Herr Schmidt: „Nein, nicht, was du denkst! Ich habe wirklich nur Dübel und Schrauben gekauft!"

„Und ich Waschpulver, nichts anderes. Wie wir es abgemacht hatten."

Sie sahen sich wieder an und dachten nach. „Dann sind die Beutel im Gedränge vertauscht worden", sagte Herr Schmidt. „Irgendwelche Leute müssen nun mit Dübeln, Schrauben und Waschpulver Weihnachten feiern", lachte Frau Schmidt.

8
Herr und Frau Schmidt saßen am Küchentisch. Die Lebkuchen dufteten. Die Kugeln waren so blank, dass alles ringsumher sich bunt in ihnen spiegelte. Und draußen läuteten die Glocken.
Plötzlich sagten beide gleichzeitig: „Frohe Weihnachten!"
Sie sprangen auf und zogen die Mäntel an.
Dann rannten sie durch die leeren Straßen. Sie rannten bis hinter das Kaufhaus. Dort zogen sie den kleinen, krummen Baum aus der Mülltonne.

Margret Rettich

Quellennachweis

Erich Kästner, Wintersport, aus: Ders., Die Montagsgedichte © 2012, Atrium Verlag, Zürich und Thomas Kästner.

Axel Hacke, Der erkältetste Mensch der Welt, aus: Ders., Ich hab's euch immer schon gesagt, © 1998, Verlag Antje Kunstmann GmbH, München.

Erwin Strittmatter, Der Weihnachtsmann in der Lumpenkiste, aus: Ders.: 3/4hundert Kleingeschichten © Aufbau Verlage GmbH & Co. KG, Berlin 1971, 2008.

Nina Stögmüller, Der krumme Tannenbaum, aus: Diess.: Raunächte erzählen. Ein Lese- und Märchenbuch zu den zwölf heiligen Nächten im Jahr © Verlag Anton Pustet, Salzburg, 2016.

Hanns Dieter Hüsch, Alle Tannenbäume der Welt und jede Menge Schicksal © Christiane Hüsch-von Apprath.

Ernst Penzoldt, Die Kunst, Weihnachten richtig zu feiern, aus: Ders., Gleichnis der Welt. Herausgegeben von Ulla Penzoldt und Volker Michels © 1973, Alle Rechte bei und vorbehalten durch Suhrkamp Verlag Berlin AG. Suhrkamp Verlag Frankfurt am Main.

Thomas Begrich, Vom Esel, der gut lachen hatte, aus: Thomas Begrich (Hg.), Das schönste Geschenk. Geschichten und Lieder zu Advent und Weihnachten,

Evangelische Verlagsanstalt, Leipzig, 2018 © Thomas Begrich.

Eva Zeller, Die Hebamme des Herrn, aus: Martin Schmeisser u. a. (Hg.), Für Advent und Weihnachten © 1980 Christophorus-Verlag, Freiburg i. Br. und Dr. Joachim Zeller.

Margret Rettich, Als Weihnachten ausfiel, aus: Barbara Homberg (Hg.): Wenn Weihnachten kommt, Oetinger, Hamburg 1982 © Bei Dr. Matthias Bernau.

Wir danken allen Rechteinhabern für die freundliche Abdruckerlaubnis. Der Verlag hat sich bemüht, alle Rechteinhaber in Erfahrung zu bringen. Für zusätzliche Hinweise sind wir dankbar.